On Slaimish

ON SLAIMISH
An Ulster-Scots Collection

James Fenton

Ullans Press
FOR THE ULSTER-SCOTS LANGUAGE SOCIETY

First published in 2009 by Ullans Press for the Ulster-Scots Language Society.

Second edition 2017

James Fenton © 2009

ISBN 978-1-905281-29-9

This book has been published with the financial assistance of the Ulster-Scots Academy.

www.ulsterscotsacademy.com

All rights reserved. No part of this publication may be reproduced, stored in a retrieval system, or transmitted by any means, electronic, mechanical, photocopying or otherwise, without the prior written permission of the publisher.

For my granddaughter
Katie Fenton

Preface

This collection consists of a selection of poems from *Thonner an Thon* (Ullans Press, 2000), some revised to a varying extent, and from poems and other pieces written since the publication of that book. With the exception of 'On Slaimish' and 'Thonner an Thon', which for special reasons I have placed respectively at the beginning and end, the poems are in rough chronological order, where chronology is relevant. 'Anither Worl' centres on the day of my younger brother's birth at Drumadarragh in 1935; 'On Tullaghans' on a filming session with BBC Television on the hillside above Dunloy in 2005. Apart from the revisions referred to, the following changes have been made: only the first part of 'The Pooers' and the third stanza of 'Killagan', also revised, have been included; and the second stanza of 'Thonner an Thon' now appears in the short poem 'Yins'.

'The Gift o Tongues' was my contribution to a multilingual series based on an original piece by Michael Coady and featured in his *One Another* (The Gallery Press, 2003); my thanks to poet and publisher for agreeing to its inclusion here. I wish to thank also Seán Haldane for inviting me to cooperate with him in producing the present, final version of 'Antrim 1798'.

James Fenton, 2009

Contents

Page

1. On Slaimish ... 1
2. Anither worl ... 2
3. It's ill tae mine ... 4
4. Dinnis ... 6
5. The grunt ... 8
6. Rosie ... 9
7. Leein ... 10
8. The en o a dream ... 11
9. If iver Bab ... 12
10. The epple-tree ... 13
11. Words ... 14
12. The pooers ... 15
13. Him an hir ... 16
14. Dailygan ... 17
15. Mag an Tam ... 18
16. Dunloy ... 19
17. Heatherbleat ... 20
18. Killagan ... 21
19. Jeerin the jum ... 22

CONTENTS

20. A nighber wumman ... 23
21. The watter quail ... 24
22. Blue-a-knowe ... 26
23. Threshin ... 27
24. The hare ... 28
25. The owl wumman ... 30
26. The howdie ... 31
27. The weeda ... 32
28. Yins ... 33
29. The set ... 34
30. Stanes ... 35
31. Bae Cranny Fals ... 36
32. Pilgrim ... 37
33. It's lukkin blue ... 38
34. The watter ... 39
35. He'd awa ... 40
36. This an that ... 42
37. On Tullaghans ... 43
38. The road frae Belnamore ... 45
39. Antrim 1798 ... 46
40. The gift o tongues ... 48
41. Shakespeare in Belnaloob ... 51
42. Thonner an thon ... 53

On Slaimish

Here A stan,
On the hoovin hairt o Antrim, lukkin bak
A wee at thon far ither hills,
The cloody, dreamy hills o owl Scotia,
Owl foont
O iver-hantin echas, hard yit an clear
In word an sang, in fiel an hoose an pew:
A' that noo an lang wer ain.

Here A stan,
Bak lukkin noo tae nearder hichts,
Tae this waitin lan aroon me,
Whar yince a hirdin weetchil stud, loast
A wee atween dreams, an sa,
Or dreamin sa,
Streetchin braid afore him, anither ree,
Anither flock, braid-gethered, thranger far;
Whar nicht-wantherin Orr dreamed yit, for a'
The bitter wakkenin o ninety-echt:
This lan that cried the dreamers bak, for
This is hame.

Anither worl

Kep ootby
Frae the blak car's comin,
Ooty sicht
In the shedda'd, shiltry nyuck,
The sheugh's enless
Stroan birlin the watter-wheel,
Birlin
Wae nae soon, or
Whuspered soon,
Hunkerin watchin.

The owl yin, bak oot, blak
In the dorr, watchin
The car, quait-blak in the lane, awa
Bae the toon road:
'Nixt tae the postman', keechlin,
Rubbin hir hans
In the mirly cloot:
'Anither wee paircel'; an awa
In, pushin the dorr tae.

ANITHER WORL

The ha's, plappin rid as blid
Inty the babbin, blirry swurl
O bubbles, gaen whurlin
Roon an roon,
Bak an fort,
Tae, catched
Wae the hurry o rinnin watter,
They wur cairried awa
Tae anither worl.

It's ill tae mine

It's ill tae mine, wae a'
The years an a'
The ither;
Yit ivery booin brench o the sally,
Tal an strecht an lang
Awa,
Wuz skeenklin gless, clear an shairp,
Teenklin frae oot the sky in spails an
Flitterin bricht,
Saft-plappin
Inty the poothery snow, wreathed
Deep, saft-white an quait
A' ower the sheugh an dake.
An we trevelled thonway,
Flippin noo,
Lilties baith,
Skeich-geeglin at
Ither,
Ower the pakked, broon-padded snow, whur
Nae road wuz, hir
Sae licht, sae lichtsome, quick-lachin
Doon, thonway, a keechlin
Hizzy, howlin
Ticht an het
A wain's clinched fist tae,

IT'S ILL TAE MINE

Then, we gaen by
The waitin gate, quait-hingin, whur A
See it yit,
Wee roses keekin,
Bricht draps o blid, frae oot the snow; yit
Niver mine
Gan in the dorr.

Dinnis

A gaen farder, thon day, nor iver, aidgin canny
Ower the stick brig, booin nerra
Ower the slow blak watter o the sheugh, an awa
Ower the sookin fog an gruppin ling,
The boag streetchin oot aheid, far,
An far, waitin, an thonner
He wuz, strechtin hissel in the bink-bottom, blak
Han lifted, the gless o
The square bottle glancin lake fire,
The heid bak, thrapple thrabbin wae
The lood glug o his swally, tae
He stapped, waited, rifted, an
Pushed it bak doon inty the blak
Glar.

Pechin, fartin, he hilshed hissel up,
Plartin doon, heavy, on the binkheid, the face
Big, roon, bleezin rid an
Rinnin wat.
'Davy Leary his a machine
Dis this'
(*His* an *dis*, naw *haes* an *daes*: an
Ower his shoother,
Thon far, dark shape on Tullaghans).

A lukked roon, lukkin
Bak, an sa the ithers, awa
Thonner, booed
Ower the fittin, an,
Niver missed,
Stud wee in the wileness o the boag an
The wile, hantin reek
O whuskey.

The grunt

Foriver there, frae the furst
Chance sicht, laich
Amang the stanes, it niver
Jeed, day efter day, a
Wee wavvin, wabblin scad, the colour o
Naethin, o
Stane an watter an grevel, there
An naw there in the jibble an chitter
O the lade's shella hurry, yin
Wae the watter.

He waited, crootched, still, as it
Taen shape frae oot the
Shirin watter, an
Sa, in stooned wunther, thon
Bairded heid, dunt-duntin agane the gless,
Sa, thon weetchil, nae fish but somethin
Owler, wiler far, frae
Some far ither time, as owl
As the watter's rinnin.

An canny on his groof
Agane, he taimed it, quick an canny, bak
Inty the waitin watters o the lade,
Rinnin there for iver.

Rosie

Sae white the heid, a wuzzack wile,
Sae wile the bricht blae ee,
Hir lane, booed ower the kennlin pile,
She'd pech an strecht a wee
Tae stan an luk awa, awa,
Hir face bane-ticht an grey,
But gien nae word o whut she sa:
'Diel tak it a'!' she'd say.

Yit aye she'd cry him ower yince mair,
Tae tak o days apairt,
A sonsie hizzy free as air,
A hizzy's singin hairt.
An aye she'd quat an luk whar naen
Micht speer the thing she'd see;
An takkin up hir burden, gaen:
'Deil tak the day!' qu'she.

The worl wuz blak an quait thon nicht,
Pure white hir shrood as snow,
Hir goolden hair wuz shinin bricht,
Hir face a rose-rid glow.
A' quait, they thranged an pushed ootby;
His lane beside hir bed,
He sa hir rise sae licht an spry:
'Deil tak them a'!' she said.

Leein

It wuz aye the best time: the ithers
A' oot an awa an hir
Bent ower the skillet an plumpin brochan,
The saft scad frae the peats, quait-
Burnin, comin an gan
Ower the flure.
Noo,
Hir bak turned, thonner, the spurtle
Hingin:
'For luk at ye!' she said, naw lukkin. 'Lake
The en o the worl.
Or lake maesel,' she said.

An ower bae the dorr, lukkin oot
An doon the lane, rinnin awa
Tae the Knockahollet road, waitin
For the morra:
'Frae yin worl tae anither,' she said.
'An nae gan bak.'

An stud thonner, lukkin ower
Thon wie:
'But you'll aye be comin bak,' she said,
The steam cloodin up roon hir,
Ower thonner bae the appen dorr.

The en o a dream

Yin nicht, anither, an aye
That wie,
Tae thon nicht,
It come:
The plappin, getherin sugh frae
Oot the dark, tae
The hale lade ruz plowtin, plumpin, an
Frae oot the gowpin steam
He come:
Bak turned, heid booed
Bae the broo,
Claes blak an cattered, wat an reekied, an
The airm
Hel oot, the appen han
Waitin;
Tae the nicht the airm
Drapped, hingin jaist, an he come roon, then,
Lukked doon,
Een tae een; jaist lukkin; an
Frae crinin scar
An the rivin stoon o seein an knowin
He'd ahlways
Knowed,
He lay gethered cowl in
The waitin dark.
It wud niver come that wie agane.

If iver Bab

If iver Bab come bak agane
An lukked tae fin iz bae the lade,
They'd stan an watch him stan his lane.
If iver Bab come bak agane,
He'd niver tak the pads we taen,
An niver fin the wie we gaed –
If iver Bab come bak agane
An lukked tae fin iz bae the lade.

The epple-tree

'Ye jaist had tae aks!'
An in the wicked whup an flail o
Brenches, the batterin o
Shoorin epples an juntherin thud
O grun at last, spahlterin, ye half-sa
The grey scad in the dorr,
Shapin up frae oot the sheddas
Behin him (the wee rid ee);
An leppin oot
Wae nether tent nor sicht
O cla'in whun an brier, bak
On the road tae hame, crootchin,
Keekin through the thoarns, ye sa
Him, stoopit bak
Thonner, airms hel oot –
'Come bak! Come bak! –
Epples in baith hans.

An bak,
Noo, A stan a wee afore
Movin on, wae the deed grey
Stump o the epple tree,
Hagged doon
Bae someboady, the empy rickle
O the wee hoose, the empy langin
For offered epples.

Words

Close-eein the elshin an yirkin, niver
Yince lukkin up,
He said agane:
'Naw the nicht, A said. It's ower
Late' (words tae stie wae ye).
An in a sugh
O smoorin dark, ye hard
Them brustin oot:
Owl blirt!
An frae oot the dark, the lifted
Een,
Naw stooned, naw bleezin, but,
Tae hant ye,
Scarred.

The pooers

Owl an cattered
Gettin,
But streetched oot lowce an
Easy yit,
The tatty heid rowlin bak
Thon wie
On a beet or bunnle o bans,
Hans, wuthered clats noo,
Wudbin-broon,
Graipin the strippit grun, wae
Thon craitle waitin
In hir lach:
'Ay, richt,' qu' she, 'you
Poo up an
A'll poo doon.'
An the hoochs an keckles
O wee Mag
(Ye'll mine wee Mag),
The blae-white shanks heech-kickin,
Lake airms wavvin.

Him an hir

An frae whusperin
Oot agane, behin
The Chronicle,
He scoolies, gowsty gettin, ower the aidge at
Hir agane,
Minin hir needles:
'Noo luk,' qu' he, 'whutiver they daen or wur
At, him an hir –
Twunty poun apiece an baith weel warnt agane
Ocht o the kine
Iver,
Whutiver it wuz.
Twunty.'
'Noo you,' qu' she, 'whiles ga wrang
Wae yer readin o a thing.'
'Wrang?' qu' he, wampishin –
*An absolyute affront tae
Public decency –*
Whut's wrang wae that? In
Blak an white an
In Cowlraine toon, forby, an ye know
Whut A alloo?'
'Ay weel?' qu' she.
'Men an weemen nooadays,' qu' he.
'Ay nooadays,' qu' she,
Minin hir knittin.

Dailygan

An noo the lichts ower Brochanor
    mak blak the brae behin;
The sallies, hoovin saft an grey,
    come getherin, cloodin in;
The watter, glancin ower its dark,
    babs lippin, whusperin by;
The boag's dark-sweelin, quait,
    aroon the tummock whar A lie.

The peats' quait low, the week's saft licht
    mak blak the ootby noo;
The prootas plowt; the neeps' sweet steam
    cloods roon hir sweetin broo;
Bae qua an boag, ower queelrod wa,
    thon licht's a gleekin ee
Frae whar A come an whar A'll gae
    But naw tae stie or lee.

Mag an Tam

Tam wuz fun
Bae a weetchil efter
Stricklies
('A sa this han')
Mooth doon
In the glit an glar
O the wee watter

Mag wuz fun

Dunloy

The glarry forth waits ower abain
Wat boags streetched braid alang the Maine.
Frae ether side their horses gaen
Tae Caffle's shap;
Then Paddy tuk an Rabbie taen
A canny drap.

'A wudn't mind a mare like that,'
Pat said. Qu' Rab, 'Ay so.'

The yin wat clie haps up the deed,
The dark lang hame o ether creed;
An then, quait-crakkin nighbers, they'd
Wak fort thegither,
Tae keep ootby or boo the heid,
Quait-minin ither.

'A hope he's happy now,' says Pat;
An Rab alloos, 'A know.'

Heatherbleat

Bak then, afore the whun-hud sheugh
Wuz stripped an biried
Ooty sicht, tae dra awa
The life-wat frae oot yer worl o
Green moss an puddle-hole,
Bliddin it dry –
Bak then, lake yisterday, lake
The risin crake o fa'in simmer nichts an
The yellayorlin's deein sang,
Come yer flicht at dailygan, a wee
Quick trimmlin shedda, climmin
Heech tae fa
Drummin oot yer claim an richt ower
Sky an boag, ower
Whar she crootched, flet,
Yin wae the foggy grun,
Hearin an knowin.
An naw knowin.

Killagan

Behin the brig the graveyaird fiel's
    a corner laich an quait,
A bucht grew ower, nae heidstane there,
    nae minin name or date
O yins that wrocht the same owl braes,
    an taen the yin owl wie
Whun gethered here on Sabbath nichts,
    whar gethered they wud stie.

Jeerin the jum

A big wachlin, wabblin jum,
We'd ca'd hir, an sa hir
Noo,
Wabblin an juntherin an riftin
Yit, as she
Gret –
'Al A iver had in the worl' –
An mined noo wer jeerin
O the wabblin,
An the riftin,
An the traitlin an glammin o hir
Wee pappin, an sa
The easy it wud be tae
Jeer hir greetin
Tae.

A nighber wumman

Bak agane, low
Bae the mairch thoarn hedge,
Amang the drookit coarn, hingin
Wae the wecht o seed an enless rain,
Belly hel in the grup
O huggin airms, she sa agane,
Wae a wheek o the quick bricht een,
Wha it wuznae, agane,
An wheeked bak, howlin
Tae the hoose up thonner, stannin
White an solaid agane
The hingin sky, solaid as stane,
The door shut ticht agane
The batterin o the rain,
The wundas blin.

The watter quail

A fissle unther the deed, saft-hingin thatch,
A strippit shedda, a wheekin scad,
Ye jook crootched an shairp an quait
Amang the queelrods.

Or, ower late, ower scarred, tae
Rin, ye flitter up,
A soonless flachter,
A thaveless, loast flaffin nixt
Naewhur, lang legs hingin silly, or aiblins glammin
The empy air for
A graip o the sure wat grun, tae
Ye drap, or fa, bak
Inty the cowl shilter o the deed
Staks, fleein frae sicht, yit naw
The licht itsel.

For, wae the dark creepin, quait
As daith,
Frae oot the boag, amang the queelrods an
A' ower yer wuthered worl,
Comes thon ra, rivin screch –
Agane the nicht's comin? Or
Whut the nicht micht bring? Or
Wull bring?

THE WATTER QUAIL

Whutiver:
The yin cry'll dae
Iz baith, wer lane
In the getherin dark.

Blue-a-knowe

Bing'd sticks bleezed roon dulled troots an blues ill-fun,
Whar Roabin bowl, Lang John, Hakeye lay a',
Wae blid-wat seggan bled an het esh gun;
The ither worl sae mony worls awa.

Dark boortries flured an clooded whuns bleezed bricht,
Whun hizzies cried frae lang aheid gien in;
An graipin fing'rs trimmled in the nicht
Whun Brock riz oot: dark nichts o darkest sin.

They shaped bricht wies they'd trevel yince they leed,
An thon dark pads they sweeted wat tae tak,
Far empy wies, quait-waitin oot aheid,
They'd flee alang, nae thocht o lukkin bak.

Noo yin, gan by, maks bak tae luk ower in,
Bak ower the scroag an strippit knowe; ower whar,
For bleezin wies an blid-rid dreams, they'd fin
Blak birns, grey haggit stumps, a roostin car.

Threshin

Wuz a' soon an flail an flaff:
The sab an thrab o the Garvey,
Juntherin an jirgin
On cogged or glar-laired wheels;
The glancin jab an stoory flail o the forks,
Tossin the tirlin shaifs;
The flaff an flirry o the caff,
Doon-licht yella flakes –
But soon abain a', abain
Ivery soon in fiel or yaird or hoose,
A' ower the country an doon
The lang years:
The lang, hingin thrab an chokin sab,
The lachin squeals o weetchils,
Flailin their brenched sticks
Roon the hotchin staks,
The deein squeals
O leppin, clattin rats.

The hare

Nae ither soon wuz there, efter
The spalter an plowt, but deed
Broon quait a' roon
The tummock whar A sprachled,
Daen, lukkin an listenin
For naethin. Sae
Wuz it the boag-owl crinin,
A furst canny hirsle, or aiblins
Somethin ither, owler yit, that brocht
Ee tae watchin ee?

Yince fun, thon bricht ee wuz,
For a wee,
A' there wuz, bricht an brichter,
Tae a hurklin doon an bak,
Chairgin the lang hud legs
Wae getherin poor, gien ye
Leevin shape frae
Oot the deed broon worl.

Getherin maesel, canny,
Akward, A lukked tae lee
Ye there, but ye wur
Awa, leppin up frae oot yer cowl bed,
Streetchin oot, reachin oot
For appen grun,

THE HARE

A skeenklin watter-wheel loopin bak
Frae the flailin legs, wur
A broon waft in the saft yella star
Tae ye stapped; sut up strecht
On the bare knowe, streetchin
Heid an lang cocked lugs, yin ee
Lukkin.

An A wuz naethin,
Naewhur,
Whun ye drapped doon, nibbled, an gaen
On, rowlin easy an ooty sicht, inty
The wuthered rashes, broon
Inty waitin broon.

A wuz awa maesel, then, plowterin bak
Tae the rodden, lampin oot
For the line's thrang stur.

The owl wumman

A biggin gran, a worl o lan
    Fait-wrocht, life-bocht lake a',
She'd niver lee, she'll hae tae dee
    Or she'll be taen awa.

Yit quait at nicht she'll tak tae flicht,
    Sae quick an quait she'll gae
Whar she gaed young an bliss wuz fun,
    On a wile an scroaggy brae.

The howdie

Daen servaice tae the nighberheid
An sitch a hap an hooch she gied
Whun howlin up a bliddy he –
Or 'Bliddy loass o time!' qu'she.

The weeda

Gin Mag noo seechs hir lief alane,
Wae naw a sowl tae cry hir ain,
Wha yince seeched wae hir, weel we know –
But wheesht! Sure thon wuz lang ago.

Yins

The scahldie
Hud flet behin the queelrod wa,
The bink an borras years awa,
Wae stoonin screch he'd tak tae flicht,
An drum far ooty gappin sicht.

The boady
Sae bowl the step, sae owl the fal,
Frae lippenin a' tae lippin gal,
Aye aksin whut but fal or sin,
Whun blin he wakked a rodden blin.

Yer man
He greets the maist whun langin for
The lang-loast days that niver wur;
Tae quait the sab, he'd luk tae pree
The goolden days he'd niver see.

The set

Sitch fang an flirry, ordhers gied:
Poo bak, gae fort, kaim taigled heid.
Unkit's naw the wie he's taen:
Rin ower it jaist yince mair. Weel daen!
Rin ower the hale scursed thing agane.

An mine thon cretther in atween,
Nae chance o jookin ether een.

Lang frae the owl sunk pad, but yit
Ower slunky words wae sure, licht fit
Gaes he; clods wordy thochts aroon.
A shachle, feart o fa'in doon?
Nae sitch a swuther tirls thon croon.

Stanes

Bae the wie
Through Dunloy, new-sprung
Frae solaid rock, a foontain
Rins
Whar three watherin stanes stan
Cairn-lake:
Yin, uprisin, new-lined wae age-
Owl wutness, points abain
Twa laicher, crootchin,
Yin tae ether side, bowl-
Writ wae
Failte the yin,
Fair faa ye the tither:
Stanes
Wae the yin welcome tae a'
Gan by,
An aiblins yit frae a'
That stie.

Bae Cranny Fals

Frae this quait whun-bricht brae,
Quait yit for a' the sugh an birl
O Cranny's dancin watters,
Ye luk tae the wee toon
Doon there, sae close
Ye micht pit oot a licht han
Tae oany dorr.

Pilgrim

Gan fort,
As aye, een set strecht
Aheid, he whiles, wae a', wud chak
His misured step a wee, chakked
Wae a jaggin thocht,
A naggin questin, lang whammled,
Wae a' the ithers,
Unther lang-settled answers, weeglin
An slidderin oot an up (*the owl pull!*)
Tae tak him unawars;
Bes still a wee – nae pucker,
Nae proggin fank (*the owl fahlt!*),
But sleekit-catched agane;
Yit, lang owl-fashioned got, he's
Nae shaner catched nor redd agane, wae
The answer
Tae a' questins:
Withoot the answer, nae answer;
Withoot the answer, nae questin;
An sae,
Step lenthened, chak-strenthened,
He gaes fort agane,
Naen the wiser,
Sae nae less wise.

It's lukkin blue

It's lukkin blue
For these blue hills: half Orra's sweeled
In a misured smoorin shrood,
Gruaig's saft purple's gna'd awa,
An abain a', on Corkey, lang hame o the wile
Rid burd an heather-broon hare,
Its age-owl brae grey-gorred, gant white
Staks, sprootin lake puddocks frae oot
The deein hill,
Streetch heech their coasted oagliness.
It's lukkin blue
For blue hills.

The watter

Yit here, wae a', this watter rins
The wie ye mine sitch rinnin:
Shella, broon, quait-bebblin, wantherin
Aboot, withoot flooster or hurry
Tae loass itsel in the bothered watters thonner,
Quait-lippin its roon broon stanes,
Cairryin licht its hingin sprickled troots
Unther the soonless birl o flies,
The licht, wheekin flicht o wagtails;
Unther a quait
As quait as thocht.

He'd awa

He'd awa tae rin the loopin burn,
Fin wunthers bricht at ivery turn,
An lichtly lep frae broo tae broo:
But it's got strechter, braider noo.

He'd fin the wie nixt Belnamore,
For thon's an owl-kent pad weel wore
Wae cantie lilties flippin by:
But flippin's naw the dreechle's wie.

He'd chak yince mair, wae ither een,
The thoom-blakked chairt he yince wuz gien,
Fin pads wae nether slunk nor qua:
But yin's the waitin en o a'.

He'd prog the thochts o speerin men,
Whar naw a questin jooks the pen
In wechty books, a despert power:
But a' the prent's thoom-blurried ower.

He'd whiles awa tae Slaimish tap,
A brither tae the hare an whap,
An wutless in the rashes lie:
But thrang's the road, the brae sae stie.

HE'D AWA

But noo he's fun this pair o wings,
An leppin frae the greeshoch, sings,
An lake the leverock, licht as wun,
Flees heech an heecher nixt the sun.

This an that

There's this:
Tae fin that noo the shapin thocht's nae mair
Nor whiles a daytim jag, a nicht-tim jowlt,
The age-owl hantin scar nae scar ava,
The markin ar itsel a cast oot scrat.

Tae stap an stan less strange in far Loughgiel,
An sit a wee at hame in Eamonn's hoose;
Tae join at funetheral meat ower in Dunloy,
Wae only noo an then a minin ee:
There's that.

On Tullaghans

In the hamely worl doon there, sae near,
Sae far, a runkled quult
O boag an fiel an hill an hoose,
The shedda worls the movin, cowl-eed camera
Cannae catch, nor this still ee
See clear.

The rodden's stoory stur lang smoored;
The sweet-wat bink years loast
In clooded sallies;
The boag's far, fearfa wunther
Tae an iver-wuntherin wain,
A wantherin, dreamin weetchil's owler hame.

Beyont al boags the solaid grun,
The misured, age-wrocht, pattrened grun
O Belnaloob, hame tae, an Brochanor,
A lastin wutness
Tae the ither, shapin faith o generations,
An the last that's its alane.

A scad amang the fait-clipt fiels,
The biried lade, loast worl
O twa, new-grupped wae iver-risin thochts
O ither worls, bricht worls an dark,
Gart tak the lang, blin pad
Wud lead tae this, naw thon.

ON TULLAGHANS

Gae quaitly, sae,
Wae the deein licht:
Al else is faitly pakkaged, pit awa;
An ower thonner, on Corkey's dark wa-heids,
The shrood-white shapes stan wavvin,
Wavvin.

The road frae Belnamore

(For the young yins)

The lang road's waitin, streetchin far,
The yin we a' man gae;
It reaches oot frae this tae whar
Nae yin can iver say.

It's lake nae ither road ava,
That only yince is taen:
The mair the yin road's wakked bae a',
We a' man wak wer ain.

The lang road's taen wae dream an doot
O whut micht wait afore;
But we're bowl-fitted streckin oot,
That start frae Belnamore.

[Specially written for the children of Balnamore Primary School on the occasion of my being invited by the Principal Jackie Morrison to perform the official opening of a new extension to the school. J.F.]

Antrim 1798

Seán Haldane with James Fenton

[A first version of this poem was written in 1994 in English including some Ulster-Scots words. This version is a cooperative poem written in 2006 with James Fenton, in Ulster-Scots. In the historical record: *'As a cart load of dead and dying arrived at the sand pit a yeoman officer asked the driver, "Where the devil did these rascals come from?" A poor wretch raised his gory head from the cart and feebly answered "I come from Ballyboley." He was buried with the rest.'* In popular history the man is usually quoted as saying in true Ulster-Scots, 'A'm frae Ballyboley.' Our poem aims to be true to this voice. S.H.]

A'm frae Bellyboley.
Bae a' that's holy,
Daenae cope me
Inty thon pit:
The cowl an slimy
Corps lie on me
Wae blid an shit.
The jowltin o this cairt
Haes rived mae hairt.
A'm daen, A know.
A hear the craik
O thon ald crow.
Tak me ooty here,

For the love o God,
An lee me on the grass
O thon green sod.
Go an fin mae lass:
A lang tae feel
Hir warm han on mae broo,
An wush her weel
Afore A grue an go.

For Irelan's sake
A focht an fell.
But A'd rether wak
Wae hir tae the bricht bell
O the moarnin on the brae,
An nae daith knell
For me the day.

[Seán Haldane's published work includes *Desire in Belfast* (Blackstaff, 1992), *Lines from the Stone Age* (Greenwich Exchange, 2000) and critical studies of Donne and Hardy. J.F.]

The gift o tongues
Version in Ulster-Scots by James Fenton, Co. Antrim

In his ain wie he wuz gifted an that's the Guid's truth. Frae the confirmin he could crak wae a' kines, creeds an colours.

An they'd ivery yin untherstan him. Yins frae Joanstoon, Gairravoone, Bellyknock, Bellindesert, Killybellyquulty, Rathgormack an Bellyhest. Frae Faeddans, Coolnahoarna, Killerguile, Moonaminaun, Bellyalikan, Glenaphooka, Curraghabellintlea or Portnaboe. Akward clients or hairmless yins in frae Crehana, Tinhalla, Broonswud, Coolfin, Bellynab, Fews, Monadiha, Sheskin, Coolnamuck or as far awa as Kyledroughtaun.

The ither side o the watther the same story. He could lee it aff lake thon tae yins leevin in or aboot Bellinderry, Mullagh, Bellinagrana, Baungarrif, Garrynarea, Knockroe, Killonerry an Knocknaconthery. Oot-an-oot sthrangers and able dailers frae oot ayont the bordhers o Glenboor, Macreary, Lisadabber, Cloghapistol, Poulmoleen, Skough, Tullahought, Ahenny, Rathclerish or Tibberaghny. He could crak wae them a', an gye affen the less he allooed the mair they taen ooty it.

O coorse he had been aroon. Fitba matches an funetherals a' ower the coonty. An thraiks awa beyont that. An waddins, gin he wuz aksed, whutch wuznae affen. Nae bother ava tae him tae weegle an work his wie roon weemen frae this tae Dinnygal. Ivery yin wud hear whutiver she wuz lukkin tae hear. Dint he tak aff yince on a kerrant wae a nun hame frae the missions he run inty in Lough Derg? His wie o leevin wuz a weethin o a puzzler. Squarin bikes an wirelesses amang hans, an tellyveesions in the dehs o blak an white. He could speer sthrecht awa whut wuz the metther wae the gears or the soon or veesion; whather it micht be soarted or wuz lang by daein ocht wae.

But maistly he takked his wie through the worl. Merried, aye. A wee wumman that come frae Kilkenny as hoosekeeper in the Friary. Perpaityal Succour she wuz ca'd ahint hir bak. Thon hizzy had the misure o him if oanyboady did. But harly iver appened hir mooth ootby, ither nor for novena prayers an hymns.

Guid knows hoo they iver pulled at hame. Or unther the quult. She hel aye tae yin deedly waipon: nae crakkin. Their furst encoonther wuz whun she gaen by him yin evenin oot in Deed Man's Rodden. A kine o a gleek she taen at him gan by. Or sae he should'a gien inty wae the drink on him, tae a boady lukkin his advice on finnin a wumman.

O coorse ye could only hae him a wee lock at the time. At the hinther en barred frae ivery pub an bookie's shap in the toon on accooont o his owl smairt tak an the hurries an thrades wud brek oot lake thon. Tae noo there's a wheen o boys ye darnae name him afore; maistly conthrairy hoors theirsels. Jaist dhrappin the name'll gar them froathe at the mooth. Aiblins minin caird games wud'a ent in a whurang. Or whiles they'd jalooze weel enugh the heech wie he wuz leein yin inty them, the mair he micht jaist rise an eebroo and gie a 'hmmm?' thon wie.

Ten year on the braid o his bak in the Friary graveyaird and naw a myowt ooty him, but yit wae a' the tellures aboot him an whut he should'a said. He micht as weel be aboot yit.

[The preceding is my contribution to a multilingual feature of the same title in Michael Coady's poetry/prose work *One Another* (Gallery, 2003). J.F.]

Shakespeare in Belnaloob

[Around 1970, the late Brendan Adams, then dialectal archivist at the Ulster Folk Museum, asked several native speakers of Ulster-Scots to offer a version of the 'seven ages' passage from As You Like It (Act 2, Sc. 7). The series was, I think, entitled 'Shakespeare in Cullybackey'. Here, with abject apologies to the Bard (he would surely be amused – if only at the temerity) is my own contribution. J.F.]

The hale worl's a stage
An a' the men an weemen's jaist ectthers:
They hae their ootgans an their incomins;
An yin boady in his day ects mony pairts,
His ects bein seven ages. At furst, the wain,
Girnin an boakin in the howdie's airms.
An then the wheengin schullar, wae his schoolbahg,
An bricht moarnin face, crahlin lake a snail
Agane his wull tae school. Then the coortin man,
Seechin lake a furnaice, wae a despert ballat
Made tae his hizzy's eebroo. Then a soajer,
Foo o odd sweerin, bairded lake a leopart,
Jailous in honther, gowsty an quick in a scatty,
Lukkin tae the bubble o a big name
Richt in the cannon's mooth. An then the justaice,
His quare roon gut weel lin't wae guid pussin,
Wae scoolyin een, an faitly clipt baird,
Foo o wise come-affs an modren instances;

SHAKESPEARE IN BELNALOOB

An sae he ects his pairt. The sixth age shifts
Inty the thin an slippered pantyloons,
Wae glesses on neb an a poke at hinch,
His youthfa hose weel kep, a worl ower wide
For his crined-in shahnk; an his big manly voice
Gan bak agane tae wainly yirp, wae wheezles
An whustles in his soon. Last scene o a',
That ens this odd eventfa histry,
A wain agane, an wae nae mine o ocht,
Nae teeth, nae een, nae taste, nae naethin.

Thonner an thon

Belnaloob's whar A come frae,
The hamely rit o maist A'll hae,
Whun a' bes ower, tae fang'l wae;
An aply fin
The jag wuz gien as weel tae spae:
A towl ye, sin.

Tae wak an fin yin moarnin blak
The empy sark, the simmet slak,
The baith taen up an niver bak,
An him his lane:
Whar micht he rin, whut scoot-hole tak,
Whar jook, the wain?

Killagan: dae they quaitly mine
The brig airched quait ower nixt the line,
Whar crooded sonsie hizzies fine,
Baith bowl an bra,
In heids wae nether crub nor rine
On ettlin ra?

In, in, poo aff them wringin claes –
The boag's sae wat these drachy days.
Goach! Wud ye listen whut he says,
An keeks aboot!
An me mae lane – sure gin he daes,
Ye'll be lang oot.

THONNER AN THON

Tae Bellycastle baith wur tain
Doon whar for quait they affen gaen,
The frettin ower, the spaein daen,
Their bother by;
An thonner, redd o worl an wain,
In quait they lie.

Lake gress, a boady's while, that's a',
Or lake a flure, nae last ava:
A flooch o wun an al's awa
As shane as ruz.
Och mine him lake a shedda ga!
(Wha's this he wuz?)

www.ingramcontent.com/pod-product-compliance
Lightning Source LLC
Chambersburg PA
CBHW061343040426
42444CB00011B/3063